COFFEE & CAKE

Ceres Verlag

COFFEE & CAKE

Ceres Verlag

Keylime Pie

INHALT

UNSERE VORLIEBE FÜR COFFEESHOPS, KAFFEE
ZAHLREICHEN REISEN AN DIE UNTERSCHIEDLICHSTEN
UNS 1989 IN MOSKAU BEI EINEM DESIGNERWORK
REGER AUSTAUSCH MIT UNSEREN RUSSISCHEN GAST
DA UNSERE BEGEGNUNGEN AN UNGEWÖHNLICHEN
ÖFFENTLICHEN PLÄTZEN STATTFANDEN. ES GAB
ES GAB KEINEN COFFEESHOP. UNSERE FREUND
IN DEN FOLGENDEN JAHREN ZUR IDEE DIESES

DREI FREUNDE, COFFEE & CAKE

UND KUCHEN FÜHRTE UNS WÄHREND UNSERER ORTE IN ALLER WELT. KENNENGELERNT HABEN WIR SHOP, WO ES DIES ALLES NICHT GAB. ES BESTAND EIN GEBERN, JEDES TREFFEN WIRKTE KONSPIRATIV, ORTEN WIE WARTESÄLEN, MUSEUMSFLUREN ODER KEINEN KAFFEE, ES GAB KEINEN KUCHEN UND SCHAFT UND DIE GEMEINSAME VORLIEBE HAT UNS BUCHES GEFÜHRT.

BANANENMUFFINS

DAS PASSENDE GEBÄCK FÜR SCHWACHE NERVEN UND GROSSE KAFFEE-PAPPBECHER. DIE MUFFIN-PAPIERHÜLLE IST NICHT NUR BACKFORM, SIE DIENT AUCH ALS TELLERERSATZ. AUF DEM SCHREIBTISCH, IM AUTO ODER BEIM MITTAGESSEN AUF DER PARKBANK. DAZU VIEL FILTERKAFFEE – UND NICHT SO STARK, BITTE!

Für 10 Stück:

40 g	**Walnüsse**
300 g	**Weizenmehl**
2 ½ TL	**Backpulver**
½ TL	**Natron**
2	**Bananen**
250 ml (¼ l)	**Buttermilch**
80 ml	**Speiseöl**
170 g	**brauner Zucker (Rohrzucker)**
1 Pck.	**Bourbon-Vanillezucker**
1	**Ei (Größe M)**

Zum Bestreuen:

50 g	**Puderzucker**

Zubereitungszeit: 30 Minuten, Backzeit: etwa 35 Minuten

E: 53 g, F: 116 g, Kh: 495 g, kJ: 13592, kcal: 3249, BE: 41,5

1. Backpapier in 10 Quadrate von 19 x 19 cm schneiden. Die Walnüsse grob hacken. Den Backofen vorheizen. Ober-/Unterhitze: etwa 180 °C Heißluft: etwa 160 °C

2. Mehl, Backpulver und Natron in eine Schüssel geben und mischen. Die Bananen schälen und mit einer Gabel grob zerdrücken. Buttermilch, Speiseöl, braunen Zucker, Vanillezucker und Ei in eine Rührschüssel geben und mit Handrührgerät (Rührbesen) verquirlen. Das Mehlgemisch und das Bananenmus unterrühren.

3. Die vorbereiteten 10 Backpapierquadrate in die Mulden einer Muffinform drücken. Den Rand dabei zusammenfalten, sodass die Papierspitzen hochstehen. Den Teig darin verteilen und auf der mittleren Einschubleiste etwa 35 Minuten backen.

4. Auf einem Kuchenrost abkühlen lassen. Mit Puderzucker bestreuen.

TIPP: DIE MUFFINS LASSEN SICH AUCH IN DER MUFFINFORM MIT 12 HANDELSÜBLICHEN MUFFIN-PAPIERFÖRMCHEN IN 30 MINUTEN BACKEN.

12

HIMBEERCHEESECAKE

SCHÖN CREMIG BLEIBEN UND DAZU EISKALT CAFÉ FRAPPÉ.

Zubereitungszeit: 35 Minuten Backzeit: etwa 90 Minuten
E: 73 g, F: 370 g, Kh: 283 g, kJ: 19898, kcal: 4770, BE: 23,5

1. Den Boden einer Springform (Ø 26 cm) mit Backpapier belegen. Den Rand darumlegen und festziehen.

2. Die Butterkekse grob zerkleinern. Oder die Kekse in einen Gefrierbeutel füllen und mit dem Rollholz zerkleinern. Die zerbröselten Butterkekse in eine Rührschüssel füllen. Mandeln untermischen.

3. Butter in einen kleinen Topf geben und bei mittlerer Hitze zerlassen. Die flüssige Butter zu der Mandel-Brösel-Mischung gießen und gründlich vermischen. Die Bröselmischung auf dem Boden der vorbereiteten Springform verteilen und mit einem Esslöffel festdrücken.

4. Den Backofen vorheizen. Ober-/Unterhitze: etwa 160 °C
Heißluft: etwa 140 °C

5. Crème fraîche, saure Sahne, Eier, Zucker und Zitronenschale in eine Rührschüssel geben. Die Zutaten mit Handrührgerät (Rührbesen) verquirlen. Die Creme vorsichtig über einen Löffel auf die Brösel gießen.

6. Himbeeren verlesen, evtl. waschen und trockentupfen. Gleichmäßig auf der Creme verteilen. Den Kuchen auf die mittlere Schiene des vorgeheizten Backofens schieben und etwa 90 Minuten backen.

7. Kuchen auskühlen lassen, etwa 1 Stunde in den Kühlschrank stellen.

TIPP: STATT HIMBEEREN ABGETROPFTE SAUERKIRSCHEN VERWENDEN.

Zutaten für 16 Stück:

150 g	**Butterkekse**
125 g	**abgezogene, gemahlene Mandeln**
140 g	**Butter**
400 g	**Crème fraîche**
200 g	**saure Sahne**
2	**Eier (Größe M)**
150 g	**Zucker**
	abgeriebene Schale von
1	**Bio-Zitrone (unbehandelt, ungewachst)**
250 g	**frische Himbeeren**

14

BAGELS MIT LACHS

DER GUTE START IN DEN TAG. MIT REICHLICH FILTERKAFFEE IST MAN GERÜSTET FÜR AUSGEDEHNTES SHOPPING.

Zubereitungszeit: 50 Minuten, Backzeit: etwa 30 Minuten
E: 146 g, F: 151 g, Kh: 449 g, kJ: 15724, kcal: 3759, BE: 37,5

Zutaten für 12 Stück:

1 Pck. (42 g)	frische Hefe
250 ml (¼ l)	lauwarmes Wasser
2 TL	Zucker
3	Eiweiß (Größe M)
550 g	Weizenmehl
50 g	weiche Butter
½ EL	Salz
50 g	Weizenmehl
2 TL	Salz
1 TL	Backpulver
1	Eiweiß
je 2 EL	Sesam, Mohn, grobes Meersalz

Für den Belag:

200 g	Doppelrahm-Frischkäse
3 EL	Milch
	Salz
	Pfeffer
150 g	Räucherlachs in Scheiben
1 Bund	Dill

1. Hefe in einer Rührschüssel zerbröseln. Lauwarmes Wasser und Zucker zugeben, Hefe darin auflösen. Eiweiß und 250 g Mehl dazugeben und mit Handrührgerät (Knethaken) zu einem weichen, glatten Teig verkneten, zugedeckt an einem warmen Ort 1 Stunde ruhen lassen, bis er deutlich aufgegangen ist.

2. Weiche Butter und Salz unterkneten. Das restliche Mehl unterkneten, bis ein elastischer Teig entstanden ist. Die Rührschüssel mit einem Geschirrtuch zudecken und den Teig eine weitere ½ Stunde gehen lassen.

3. Die Arbeitsfläche mit Mehl bestreuen. Den aufgegangenen Hefeteig auf die Arbeitsfläche geben und mit Mehl bestreut zu einer Kugel verkneten. Die Teigkugel zu einer Rolle formen. Die Teigrolle in 12 Stücke schneiden. Jede Teigscheibe mit Mehl bestreuen und zu einer glatten Kugel rollen. In die Mitte jeder Kugel ein Loch eindrücken. Das Loch auf Walnussgröße ausziehen. Arbeitsfläche mit reichlich Mehl bestreuen und Teigringe mit genügend Abstand darauflegen. Mindestens 30 Minuten gehen lassen, bis sie sich deutlich vergrößert haben.

4. Ein Backblech mit Backpapier belegen. Ein zweites Backpapier auf die Arbeitsfläche legen. Den Backofen vorheizen. Ober-/Unterhitze: etwa 200 °C Heißluft: etwa 180 °C

5. Einen breiten Topf mit etwa 3 l Wasser zum Kochen bringen. Salz und Backpulver hineinschütten. Die Teigringe portionsweise in das kochende Wasser geben und von jeder Seite etwa 1 Minute köcheln lassen, abtropfen lassen und mit Abstand auf die Backpapiere legen. Eiweiß mit 2 Esslöffeln Wasser verquirlen und auf die Teigringe streichen. Nach Belieben mit Sesam, Mohn oder grobem Salz bestreuen. Die Teigringe im Backofen etwa 30 Minuten goldbraun backen. Die Bagels vom Backblech nehmen, abkühlen lassen und durchschneiden. Den Frischkäse mit Milch glatt rühren. Mit Salz und Pfeffer abschmecken. Auf die Bagel-Unterseiten streichen. Die Lachsscheiben darauf verteilen. Dill vorbereiten. Mit Dill bestreuen und den Gebäckdeckel darauflegen.

BANANENBROT

EIN AUSFLUG IN DIE KARIBIK GEFÄLLIG? DANN GEHT NUR LÖSLICHER KAFFEE. DER SCHUSS JAMAICA-RUM IST ABHÄNGIG VON DER TAGESZEIT.

Zubereitungszeit: 25 Minuten, Backzeit: etwa 75 Minuten
E: 117 g, F: 217 g, Kh: 581 g, kJ: 19962, kcal: 4771, BE: 48,5

1. Eine Kastenform (30 x 11 cm) fetten und mit Backpapier auslegen. Backofen vorheizen. Ober-/Unterhitze: etwa 180 °C. Heißluft: etwa 160 °C.

2. Mehl, Haferflocken, Mandeln, Natron, Backpulver, Salz, Zimt und Muskatnuss in eine Rührschüssel füllen und vermischen.

3. Weiche Butter, Zucker, Eier und Buttermilch zugeben. Die Zutaten mit Handrührgerät (Rührbesen) verquirlen.

4. Bananen schälen und mit einer Gabel auf einem Teller zerdrücken. Das Bananenmus unter den Teig rühren. Die Schokolade grob hacken und untermischen. Den Teig in die Kastenform füllen und glatt streichen. Die Kastenform auf dem Rost in den Backofen schieben und etwa 75 Minuten backen.

5. Das Brot evtl. nach 30 Minuten Backzeit mit Backpapier bedecken, damit es nicht zu dunkel wird. Das Brot etwa 5 Minuten abkühlen lassen und stürzen. Das Backpapier abziehen. Das Brot warm servieren.

Zutaten für 12 Stück:

300 g	Weizenmehl
120 g	Haferflocken
200 g	gemahlene Mandeln
1 TL	Natron
2 TL	Backpulver
1 Prise	Salz
1 Prise	Zimtpulver
½ TL	geriebene Muskatnuss
60 g	weiche Butter
150 g	Zucker
2	Eier (Größe M)
250 ml (¼ l)	Buttermilch
3	Bananen (etwa 600 g)
100 g	Zartbitter-Schokolade

APFELZIMTMUFFINS

DAZU EINEN MILCHKAFFEE UND VOM SOMMER TRÄUMEN.

Zubereitungszeit: 25 Minuten, Backzeit: etwa 25 Minuten
E: 40 g, F: 156 g, Kh: 407 g, kJ: 13449, kcal: 3216, BE: 33,5

1. Eine Muffinform für 12 Muffins mit Papierbackförmchen füllen. Den Backofen vorheizen. Ober-/Unterhitze: etwa 180 °C. Heißluft: etwa 160 °C

2. Die Äpfel schälen, vierteln und entkernen. Äpfel in kleine Stücke schneiden und mit Zucker und Zimt vermischen.

3. Die weiche Butter in eine Rührschüssel geben und mit Handrührgerät (Rührbesen) etwa 2 Minuten schaumig schlagen. Zucker, Salz und Eigelb dazugeben und unterrühren. Mehl und Backpulver auf die Buttermischung streuen (noch nicht vermischen).

4. Eiweiß in eine Rührschüssel geben. Zucker zugeben und mit Handrührgerät (Rührbesen) schaumig schlagen. Zunächst die Hälfte des Eischnees zügig unter die vorbereitete Masse rühren. Den restlichen Eischnee mit einem Teigschaber vorsichtig unterheben.

5. Den Teig in der Muffinform verteilen. Die vorbereiteten Zimt-Äpfel auf dem Teig verteilen und etwas hineindrücken. Die Muffinform auf die mittlere Schiene in den Backofen schieben und etwa 25 Minuten backen.

6. Die Muffins aus der Form nehmen und mit Zimt-Zucker bestreuen.

TIPP: DIE APFEL-ZIMT-MUFFINS SIND BESONDERS SAFTIG UND HALTEN SICH GUT VERPACKT 2-3 TAGE.

Zutaten für 12 Stück:

500 g	**Äpfel (Boskop)**
2 EL	**Zucker**
1 TL	**Zimtpulver**
160 g	**weiche Butter**
120 g	**Zucker**
1 Prise	**Salz**
3	**Eigelb (Größe M)**
180 g	**Weizenmehl**
1 TL	**Backpulver**
3	**Eiweiß (Größe M)**
50 g	**Zucker**
2 EL	**Zucker**
1 TL	**Zimtpulver**

BROWNIES MIT NUSSKARAMELL

OB ESPRESSO, CORTADO ODER MOKKA. DIESE BROWNIES SIND NICHTS FÜR SCHWACHE KAFFEE-BEGLEITER.

Zubereitungszeit: 25 Minuten, Backzeit: etwa 25 Minuten
E: 96 g, F: 289 g, Kh: 566 g, kJ: 22009, kcal: 5258, BE: 47,0

1. Einen Backrahmen auf 25 x 25 cm ausziehen und auf ein Backblech stellen. Zwei Bögen Backpapier in den Rahmen legen, sodass die Ränder und der Boden bedeckt sind.

2. Cashewkerne grob hacken. Zucker gleichmäßig in eine Pfanne streuen. Bei mittlerer Hitze karamellisieren lassen. Die Cashewkerne zugeben und mit dem Karamell vermischen. Auf einem Bogen Backpapier verteilen und abkühlen lassen. Die karamellisierten Cashewkerne grob hacken.

3. Backofen vorheizen. Ober-/Unterhitze: etwa 180 °C. Heißluft: etwa 160 °C

4. Schokolade grob hacken und mit Butter in einen Topf geben. Unter gelegentlichem Rühren bei schwacher Hitze schmelzen. Eier, Zucker und Salz in eine Rührschüssel geben und mit Handrührgerät (Rührbesen) schaumig schlagen. Zimt, Mehl, Cashew-Karamell und geschmolzene Schokolade unter die Eiermasse ziehen. Die Masse in den vorbereiteten Backrahmen füllen und glatt streichen. Auf mittlerer Einschubleiste etwa 25 Minuten backen.

5. Die Brownies direkt nach dem Backen auf einen Kuchenrost stellen und abkühlen lassen. In Quadrate schneiden und mit Kakaopulver bestäuben.

TIPP: DIE CASHEWKERNE LASSEN SICH AUSTAUSCHEN. ES PASSEN AUCH PECANNÜSSE, WALNÜSSE ODER GANZE ABGEZOGENE MANDELN. ACHTUNG! DEN KUCHEN MÖGLICHST NICHT LÄNGER BACKEN ALS BESCHRIEBEN. ER VERLIERT DANN SEINE SAFTIGKEIT UND WIRD TROCKEN.

Zutaten für 16 Stück:

Für den Nusskaramell:
150 g Cashewkerne
100 g Zucker

Für den Teig:
350 g Zartbitter-Schokolade
100 g Butter
4 Eier (Größe L)
160 g Zucker
1 Prise Salz
1 Prise Zimtpulver
150 g Weizenmehl

Zum Bestreuen:
1 EL Kakaopulver

CRUMBLE COOKIES

WENN'S MAL RICHTIG SCHNELL GEHEN SOLL, HIER IST DAS PASSENDE. AM BESTEN MIT ENGLISCHEM TEE – ABER ACHTUNG: DER BRAUCHT SEINE ZEIT.

Zubereitungszeit: 25 Minuten, Backzeit: etwa 20 Minuten
E: 65 g, F: 294 g, Kh: 584 g, kJ: 22019, kcal: 5259, BE: 48,5

Zutaten für 25 Stück:

100 g	Walnüsse
300 g	Weizenmehl
1 TL	Backpulver
250 g	kalte Butter
200 g	brauner Zucker
100 g	weißer Zucker
1 Pck.	Bourbon-Vanillezucker
1 Prise	Salz
2	Eigelb (Größe M)
100 g	kernige Haferflocken
2 TL	Kardamom-pulver

1. Ein Backblech fetten und mit Backpapier belegen. Walnüsse grob hacken. Den Backofen vorheizen. Ober-/Unterhitze: etwa 180 °C. Heißluft: etwa 160 °C

2. Mehl und Backpulver in eine Rührschüssel geben und vermischen. Die kalte Butter in kleine Würfel schneiden und dazugeben. Braunen Zucker, weißen Zucker, Vanillezucker, Salz, Eigelb, Walnüsse, Haferflocken und Kardamom zufügen und mit Handrührgerät (Knethaken) grob streuselig kneten.

3. Einen Ausstechring (Ø 7 cm) auf das Backblech legen. 1–2 gehäufte Esslöffel Streuselteig hineingeben und etwas festdrücken. Den Ausstechring abheben und so das Blech mit Streuseltalern füllen. Das Backblech auf die mittlere Schiene des Backofens schieben und die Cookies etwa 20 Minuten backen.

4. Die gebackenen Kekse mit dem Backpapier auf Kuchenroste ziehen. Erst nach dem Erkalten vom Backpapier lösen. Aus dem übrigen Teig weiter Kekse auf das Backblech geben und backen.

TIPP: ES KÖNNEN NOCH 50 G GETROCKNETE CRANBERRIES UNTER DEN TEIG GEMISCHT WERDEN.

CHOCOLATE PEANUT COOKIES

FEIN IST HIER NUR DER GESCHMACK. DIE GRÖSSE IST EIN MUSS. EIN GROSSES GLAS MILCHKAFFEE IST PERFEKT DAZU.

Zubereitungszeit: 30 Minuten, Backzeit: 10–12 Minuten
E: 99 g, F: 300 g, Kh: 710 g, kJ: 28849, kcal: 5939, BE: 59,0

Zutaten für 25 Stück:

125 g	ungesalzene Erdnüsse
250 g	Zartbitter-Kuvertüre
150 g	weiche Butter
1 EL	Erdnuss-creme
250 g	brauner Zucker (Rohrzucker)
125 g	Zucker
2	Eier (Größe M)
300 g	Weizenmehl
½ TL	Salz
1 TL	Natron
1 Pck.	Bourbon-Vanillezucker

1. Ein Backblech fetten und mit Backpapier belegen. Erdnüsse und Kuvertüre grob hacken. Den Backofen vorheizen. Ober-/Unterhitze: etwa 180 °C. Heißluft: etwa 160 °C

2. Weiche Butter und Erdnusscreme in eine Rührschüssel geben und mit Handrührgerät (Rührbesen) 3 Minuten schaumig schlagen. Rohrzucker und Zucker zugeben und unterschlagen.

3. Die Eier unterrühren. Mehl, Salz, Natron und Vanillezucker in eine Schale geben und vermischen. Die Mehlmischung unterrühren.

4. Erdnüsse und Schokoladenstückchen zugeben und mit einem Rührlöffel unterheben.

5. Den Teig in esslöffelgroßen Portionen mit viel Abstand zueinander auf das Backpapier setzen und 10–12 Minuten backen.

6. Die Cookies abgekühlt in luftdichten Behältern aufbewahren.

TIPP: ES KÖNNEN GESALZENE ERDNÜSSE VERWENDET WERDEN. DIE ERDNÜSSE MIT WARMEN WASSER ABSPÜLEN UND MIT KÜCHENPAPIER TROCKENTUPFEN.

ENDLICH HAT UNS DER TR
ORIENTS ERREICHT. DER M
ÜBERALL AUSBREITET. KO
GROSSEM GENUSS UND EUE
FREUDE SEIN BIS ZUM SCH

PAPST LEO XIII.

ANK VON DEN UFERN DES
OKKA, DESSEN DUFT SICH
STET DIESES GETRÄNK MIT
R MAHL WIRD EINE WAHRE
LUSS.

Hermann Rottmann

SPICED ICED COFFEE

1 Liter heißen, starken Kaffee mit 1 Zimtstange, 4 Nelken und 50 g Zucker verrühren. Abkühlen lassen und in den Kühlschrank stellen. Die Gewürze entfernen. Eiswürfel in 4 Gläser füllen und den Kaffee darübergießen. Mit Schlagsahne und Strohhalm servieren.

CAFÉ FRAPPÉ

600 Milliliter starken Kaffee mit 180 g Zucker verrühren und abkühlen lassen. Den Kaffee mit 6 Eiswürfeln und 100 g Sahne in einen Mixer geben. Kräftig aufmixen, bis das Getränk im Mixer schäumt. Sofort in 4 Gläsern servieren.

WIENER KAFFEE

125 g Zartbitter-Schokolade in eine Metallschüssel geben und im Wasserbad bei schwacher Hitze schmelzen lassen. Nach Belieben Zucker oder Honig und 3 Esslöffel Sahne unterrühren. 750 Milliliter frisch gekochten Kaffee nach und nach mit einem Schneebesen unterschlagen, bis es schaumig ist. 100 g Sahne schlagen. Den Schokoladenkaffee in 4 Tassen oder Gläser füllen und mit der Schlagsahne bedecken.

CAPPUCCINO

500 Milliliter Vollmilch erhitzen und dabei aufschäumen. Kurz beiseitestellen. Starken Espresso kochen. Die Milch mit dem Schaum cremig rühren und in 4 Tassen füllen. Mit etwa 100 Milliliter Espresso aufgießen.

ESPRESSO

Stark gebranntes Espresso-Kaffeepulver in einer Espressomaschine zubereiten und in vorgewärmte kleine Tassen füllen. Sofort servieren.

ESPRESSO MACCHIATO

Espresso mit Milchschaumhaube.

AMERICANO

Espresso-Kaffeepulver, mit viel Wasser aufgebrüht.

CAFÉ CORTADO

Ein kleines Cortadoglas mit starkem Espresso füllen und mit reichlich Milchschaum bedecken.

KAKAO

Pro Glas 1–2 Teelöffel Kakaopulver mit Zucker und 2 Esslöffeln heißem Wasser glattrühren. 200 Milliliter Milch zugießen und unter Schlagen mit einem Schneebesen erhitzen.

MEXIKANISCHE SCHOKOLADE

500 Milliliter Wasser zum Kochen bringen. 150 g Bitter-Schokolade fein reiben und unter Rühren mit dem Schneebesen unter das kochende Wasser rühren. Nach Geschmack 1 Prise Chilipulver und das ausgekratzte Mark ½ Vanilleschote zugeben. 4–5 Minuten unter Rühren leise köcheln lassen. In 4 kleinen Gläsern servieren.

SPANISCHE SCHOKOLADE

500 Milliliter Milch, 60 g geriebene Bitter-Schokolade und 1 Teelöffel gemahlenen Zimt unter Rühren erhitzen, bis die Schokolade geschmolzen ist. 2 Eier unterrühren und unter Rühren erhitzen, bis die Schokolade dicklich ist (sie darf nicht kochen!). Die Schokolade in 4 Gläsern servieren.

HEIDELBEERMOHNMUFFINS

DIE KLEINEN FEINEN SOLLTE MAN NICHT LANGE WARTEN LASSEN. AM BESTEN WARM ESSEN UND DAZU EINEN DOPPELTEN ESPRESSO. VIELLEICHT MIT ETWAS MILCHSCHAUM OBENDRAUF.

Zubereitungszeit: 25 Minuten, Backzeit: etwa 25 Minuten
E: 49 g, F: 107 g, Kh: 411 g, kJ: 11868, kcal: 2836, BE: 34,5

Zutaten für 12 Stück:

260 g	**Weizenmehl**
150 g	**brauner Zucker**
1 ½ TL	**Backpulver**
½ TL	**Natron**
1	**Bio-Orange (unbehandelt, ungewachst)**
1	**Ei (Größe M)**
80 ml	**Speiseöl**
200 ml	**Buttermilch**
½ Pck. (125 g)	**Mohnzubereitung**
250 g	**frische Heidelbeeren**

1. Eine Muffinform mit Papierförmchen füllen. Den Backofen vorheizen. Ober-/Unterhitze: etwa 180 °C. Heißluft: etwa 160 °C

2. Mehl, braunen Zucker, Backpulver und Natron in eine Rührschüssel geben und vermischen. Orangenschale darüber abreiben.

3. Ei, Öl und Buttermilch in ein Litermaß geben und mit einem Schneebesen verquirlen. Auf die Mehlmischung gießen und mit Handrührgerat (Knethaken) verkneten. Die Mohnzubereitung unterrühren.

4. Die Heidelbeeren abspülen und mit Küchenpapier trocken tupfen. Vorsichtig unter den Teig heben.

5. Den Teig in die vorbereiteten Muffinförmchen füllen und etwa 25 Minuten backen.

TIPP: DIE MUFFINS KÖNNEN AUCH MIT FRISCHEN PREISELBEEREN ZUBEREITET WERDEN.

FOCACCIA ALL'OLIO

EINE KLEINE STÄRKUNG FRISCH AUS DEM BACKOFEN. FRÜHAUFSTEHER TRINKEN DAZU EINEN OMBRA, EINEN SCHATTEN, WIE ES IN VENEDIG HEISST. DER ERSTE SCHLUCK WEIN AM FRÜHEN VORMITTAG.

Zubereitungszeit: 20 Minuten, Backzeit: etwas 35 Minuten
E: 68 g, F: 107 g, Kh: 440 g, kJ: 12597, kcal: 3007, BE: 36,5

1. Hefe zerbröckeln und mit dem warmen Wasser in eine Rührschüssel geben. Mit Handrührgerät (Knethaken) die Hefe in dem Wasser aufrühren. 50 ml von dem Olivenöl, Salz und Mehl zugeben. Zu einem glatten Teig verkneten. Den Hefeteig mit Mehl bestreuen und in der Rührschüssel zugedeckt an einem warmen Ort 1 Stunde gehen lassen.

2. Ein Backblech mit Mehl bestreuen. Den aufgegangenen Teig aus der Rührschüssel nehmen, auf das Backblech legen und zu einem Fladen flach drücken.

3. Knoblauchzehe abziehen und grob hacken. Rosmarin waschen und trocken schütteln. Die Nadeln vom Zweig zupfen. Restliches Olivenöl mit dem Knoblauch und den Rosmarinnadeln vermischen.

4. Den Teig weitere 20 Minuten gehen lassen. Den Backofen vorheizen. Ober-/Unterhitze: etwa 200 °C. Heißluft: etwa 180 °C

5. Den aufgegangenen Teigfladen mit einem Holzlöffelstiel mehrere Male einstechen. Die Olivenölmischung auf den Teig verteilen. Den Fladen mit Meersalz bestreuen. Das Backblech für etwa 35 Minuten in den Backofen schieben.

TIPP: DIE FOCACCIA KANN VOR DEM BACKEN AUCH NOCH MIT TOMATENSCHEIBEN BELEGT ODER MIT TOMATENSAUCE BESTRICHEN WERDEN.

Zutaten für 4 Stücke:

1 Pck. (42 g)	**frische Hefe**
350 ml	**warmes Wasser**
100 ml	**Olivenöl**
	Salz
600 g	**Weizenmehl (Type 550)**
½	**Knoblauchzehe**
1 Zweig	**Rosmarin**
1 TL	**Meersalz**
	Mehl zum Bestreuen

ERDBEERTRIFLE

DER SOMMERLICHE BEGLEITER ZUM EISKAFFEE. AUS DER THERMOSKANNE BEIM PICKNICK ODER AUF DER SONNIGEN TERRASSE.

Zubereitungszeit: 25 Minuten
E: 31 g, F: 175 g, Kh: 349 g, kJ: 13457, kcal: 3203, BE: 29,0

1. Wasser und Zucker in einen Topf geben und zum Kochen bringen. Die Vanilleschote mit einem spitzen Messer längs aufschneiden und das Vanillemark herauskratzen. Das Vanillemark beiseitestellen. Die Vanilleschote mit dem Zuckerwasser etwa 3 Minuten köcheln lassen. Den Vanillesirup kühl stellen.

2. Weiche Amarettini grob zerbröseln und in die Gläser verteilen. Jeweils einen Esslöffel Vanillesirup und Sherry darüberträufeln.

3. Erdbeeren waschen und abtropfen lassen. Die Stielansätze entfernen. Die Erdbeeren vierteln, in eine Schüssel geben und mit dem übrigen Vanillesirup vermischen. Die Erdbeeren in die Gläser auf die getränkten Amarettini füllen.

4. Mascarpone, Sahne, beiseitegestelltes Vanillemark und Zucker in eine Rührschüssel geben und glatt rühren. Die Mascarponecreme auf die Erdbeeren geben.

TIPP: STATT DER WEICHEN AMARETTINI KÖNNEN KUCHENRESTE AUS BISKUIT ODER MÜRBETEIG IN DIE GLÄSER GEFÜLLT WERDEN.

Zutaten für 4 Gläser mit 400 ml Inhalt:

150 ml	**Wasser**
70 g	**Zucker**
1	**Vanilleschote**
200 g	**große, weiche Amarettini**
4 EL	**Sherry medium oder Marsala (Dessertwein)**
500 g	**Erdbeeren**
250 g	**Mascarpone**
200 g	**Schlagsahne**
60 g	**Zucker**

FUDGE

38

DRAMA, DRAMA, DRAMA – MAN WEISS UM DIE WIRKUNG DIESER NASCHEREI, ABER NIEMAND KANN DAVON LASSEN.

Zubereitungszeit: 45 Minuten
E: 65 g, F: 733 g, Kh: 534 g, kJ: 37663, kcal: 8998, BE: 44,5

1. Einen Backrahmen auf 25 x 25 cm ausziehen und auf ein Blech stellen. Zwei Stück Backpapier mit 25 cm Länge zuschneiden und in den Backrahmen legen.

2. Die Marshmallows mit 2 Esslöffeln Kondensmilch in eine Metallschüssel geben. Die Metallschüssel auf kochendes Wasser stellen und über dem Wasserdampf erhitzen, bis die Marshmallows weich werden, aber noch stückig bleiben.

3. Kondensmilch, Zucker, Butter und die in Stücke gebrochene Schokolade in einen Topf geben und unter Rühren erhitzen, bis eine glatte Masse entstanden ist.

4. Die weichen Marshmallows unter die Schokoladenmasse ziehen.

5. Die Macadamianüsse grob hacken und unterrühren. Die Masse in den vorbereiteten Backrahmen gießen. Mindestens 5 Stunden kühl stellen.

6. Den Backrahmen lösen und das Fudge in 5 x 5 cm große Würfel schneiden.

TIPP: ES KÖNNEN AUCH GESALZENE MACADAMIANÜSSE VERWENDET WERDEN. DIE NÜSSE IN EIN SIEB GEBEN UND MIT WARMEN WASSER ABSPÜLEN. AUF KÜCHENPAPIER TROCKEN REIBEN UND WIE IM REZEPT BESCHRIEBEN VERWENDEN.

Zutaten für 20 Stück:

220 g	**weiße Marshmallows**
180 ml	**Kondensmilch (10 % Fett)**
180 g	**Zucker**
500 g	**Butter**
360 g	**Zartbitter-Kuvertüre**
250 g	**Macadamianüsse**

HAFERFLOCKENROSINENCOOKIES

WIE EINE KLEINE INSEL DER GLÜCKSELIGKEIT. WENN'S GANZ STÜRMISCH ZUGEHT, DANN HEISST ES: KRAFT TANKEN. UND DAZU EINEN BERUHIGENDEN MINZTEE – SCHÖN SÜSS UND KRÄFTIG.

Zubereitungszeit: 25 Minuten, Backzeit: 13–15 Minuten
E: 55 g, F: 233 g, Kh: 514 g, kJ: 18514, kcal: 4420, BE: 43,0

1. Zwei Backbleche fetten und mit Backpapier belegen. Backofen vorheizen. Ober-/Unterhitze: etwa 180 °C. Heißluft: etwa 160 °C

2. Die Rosinen in eine kleine Schüssel geben und mit warmem Wasser auffüllen. 10 Minuten einweichen lassen.

3. Die weiche Butter in eine Rührschüssel geben. Mit Handrührgerät (Rührbesen) etwa 2 Minuten schaumig schlagen. Zimt, Vanillezucker, braunen Zucker und Zucker hinzufügen und weitere 2 Minuten schlagen.

4. Eier zugeben und zu einer glatten Masse verquirlen. Die Rosinen gut abtropfen lassen und unterrühren.

5. Mehl, Haferflocken und Backpulver in eine Schüssel geben und vermischen. Portionsweise unter die Buttermischung rühren.

6. Aprikosengroße Teighäufchen mit viel Abstand zueinander auf die vorbereiteten Backbleche setzen und nacheinander 13–15 Minuten backen.

7. Cookies abgekühlt in luftdicht verschließbaren Behältern aufbewahren.

TIPP: WER ES EIN BISSCHEN EXKLUSIVER MÖCHTE, TAUSCHT DIE ROSINEN GEGEN GETROCKNETE CRANBERRIES ODER GETROCKNETE SAUERKIRSCHEN AUS.

Zutaten für 16 Stück:

100 g	**Rosinen**
250 g	**weiche Butter**
1 TL	**Zimtpulver**
1 Pck.	**Bourbon-Vanillezucker**
150 g	**brauner Zucker**
80 g	**Zucker**
2	**Eier (Größe M)**
180 g	**Weizenmehl**
150 g	**zarte Haferflocken**
½ TL	**Backpulver**

FRENCH TOAST

WENN DER DUFT VON FRISCH GEKOCHTEM FILTERKAFFEE DURCHS HAUS ZIEHT UND DIE LEBENSGEISTER WECKT, FEHLT NUR NOCH DER SATTMACHER FÜR DIE LECKERMÄULER AM FRÜHSTÜCKSTISCH.

Zubereitungszeit: 20 Minuten
E: 34 g, F: 64 g, Kh: 251 g kJ: 7297, kcal: 1741, BE: 21,0

1. Für das Kompott die Aprikosen waschen, halbieren und die Kerne entfernen. Aprikosen und alle übrigen Zutaten in einen Topf geben und etwa 2 Minuten köcheln lassen, bis sie weich sind. Abkühlen lassen.

2. Für den Toast Weißbrotscheiben entrinden. Die Milch in einen tiefen Teller gießen. Die Eier und die Sahne in eine Rührschüssel geben und mit einer Gabel verquirlen. Eine breite Pfanne auf mittlere Temperatur erhitzen. Die Butter und das Speiseöl darin erhitzen.

3. Das Weißbrot von beiden Seiten kurz in die Milch tauchen. Danach die Scheiben von beiden Seiten in die Eier-Sahne tauchen und sofort in die heiße Butter legen. Von beiden Seiten goldbraun braten. Den Toast auf Küchenpapier legen und das Fett abtropfen lassen.

4. Zucker und Zimt in einen tiefen Teller geben und mischen. Die Brotscheiben darin wälzen. Mit dem Aprikosenkompott servieren.

TIPP: DAS WEISSBROT KANN 1–2 TAGE ALT SEIN. BESONDERS GUT SCHMECKT SÜSSES ROSINENBROT ODER BRIOCHE.

Zutaten für 4 Stück:

Für das Kompott:
500 g frische Aprikosen
100 g Zucker
1 Zimtstange
2 Sternanis
100 ml Wasser

Für den Toast:
4 Scheiben Weißbrot
50 ml Milch
4 Eier
100 g Schlagsahne
50 g Butter
3 EL Speiseöl

50 g Zucker
1 TL Zimtpulver

KAFFEE, STARK UND REICH
VERLEIHT MIR FEUER, UNG
TATENDRANG.

NAPOLEON BONAPARTE

LICH, MACHT MICH MUNTER,
EWÖHNLICHE STÄRKE UND

CREAMCHEESEHEIDELBEER

EIN KLASSIKER IN DEN COFFEESHOPS. ACHTUNG: BLAUE ZÄHNE VERRATEN DIE NASCHKATZEN!

Zubereitungszeit: 35 Minuten, Backzeit: etwa 80 Minuten
E: 95 g, F: 308 g, Kh: 506 g, kJ: 5226, kcal: 42,0, BE: 42,0

1. Springformboden (Ø 28 cm) mit Backpapier belegen und den Ring darumlegen, fest verschließen. Butter in einem kleinen Topf bei schwacher Hitze zerlassen. Den Backofen vorheizen. Ober-/Unterhitze: etwa 140 °C

2. Butterkekse portionsweise in einem Blitzhacker fein hacken. Die Brösel in eine Rührschüssel füllen. Zucker zugeben. Die Butter zugießen. Die Brösel-Butter-Masse gut vermischen. Gleichmäßig in die Form streuen und mit einem Esslöffel flach drücken. Den Boden kurz kalt stellen.

3. Crème fraîche, Quark, Eier, Zucker, Vanillezucker und Milch in eine Rührschüssel geben und mit einem Schneebesen verquirlen. Die Masse über einen Löffel auf den Bröselboden gießen. Achtung: Ganz vorsichtig gießen, sonst kann sich der Boden lösen! Den Kuchen auf der mittleren Schiene in den vorgeheizten Backofen schieben und etwa 80 MInuten backen.

4. Den Kuchen etwa 1 Stunde in der Form abkühlen lassen, dann kalt stellen. Heidelbeeren in ein Sieb gießen und abtropfen lassen. Den Saft auffangen. 250 ml (1/4 l) Saft abmessen, evtl. mit Wasser auffüllen und in einen Topf gießen. Tortenguss und Zucker unterrühren. Den Saft unter Rühren aufkochen lassen.

5. Die abgetropften Heidelbeeren vorsichtig auf dem Creamcheese verteilen. Den Tortenguss darübergeben. Gut gekühlt servieren.

HINWEIS: MIT HEISSLUFT FUNKTIONIERT ES NICHT! TIPP: DER KUCHEN LÄSST SICH AUCH MIT SAUERKIRSCHEN ODER ANDEREN EINGEMACHTEN FRÜCHTEN ZUBEREITEN.

Zutaten für 12 Stück:

125 g	Butter
200 g	Vollkorn-Butterkekse
3 EL	Zucker
500 g	Crème fraîche
250 g	Magerquark
4	Eier (Größe M)
180 g	Zucker
1 Pck.	Bourbon-Vanillezucker
100 ml	Milch
1 Glas	Heidelbeeren, 540 ml Inhalt (Abtropfgewicht 205 g)
250 ml (1/4 l)	Heidelbeersaft aus dem Glas
1 Pck.	Tortenguss, klar
3 EL	Zucker

RUMRAISINSCONES

EIN KRASSES STÜCK BRÖTCHEN ODER KUCHEN? EIN STARKER ENGLISCHER TEE GEHÖRT DAZU.

Zubereitungszeit: 35 Minuten, Backzeit: etwa 25 Minuten
E: 59 g, F: 99 g, Kh: 432 g, kJ: 12656, kcal: 3024, BE: 36,0

1. Rosinen in eine Schüssel geben und den Rum darübergießen. 1 Stunde durchziehen lassen. Ein Backblech mit Backpapier belegen. Den Backofen vorheizen. Ober-/Unterhitze: etwa 180 °C. Heißluft: etwa 160 °C

2. Mehl, Zucker, gemahlene Mandeln, Backpulver, Natron und Salz in eine Rührschüssel geben und die Zutaten vermischen. Sahne, Zuckerrübensirup und Ei dazugeben. Alles mit Handrührgerät (Knethaken) zu einem glatten Teig verkneten.

3. Die Arbeitsfläche mit Mehl bestreuen, den Teig daraufgeben und etwa 2 cm dick zu einem etwa 20 cm großen Kreis ausrollen. Mit einem runden Ausstecher (Ø etwa 7 cm) etwa 10 Kreise ausstechen und mit etwas Abstand auf das Backpapier legen. Übrigen Teig erneut verkneten und ausstechen. Das Backblech in den Backofen schieben und die Scones etwa 25 Minuten backen.

TIPP: DIE SCONES WARM MIT BUTTER SERVIEREN.

Zutaten für 10 Stück:

80 g	**Rosinen**
50 ml	**Jamaica-Rum**
350 g	**Weizenmehl**
90 g	**Zucker**
50 g	**gemahlene Mandeln**
1 ½ TL	**Backpulver**
½ TL	**Natron**
	Salz
200 g	**Sahne**
2 EL	**Zuckerrüben-sirup**
1	**Ei (Größe M)**

Sibylle Schwarz

APPLEPIE

52

FÜR EINE REISE IN OMAS ZEITEN. DAZU HANDGEFILTERTER ECHTER BOHNENKAFFEE.

Zubereitungszeit: 50 Minuten, Backzeit: etwa 60 Minuten
E: 60 g, F: 301 g, Kh: 781 g, kJ: 25651, kcal: 6135, BE: 65,0

Zutaten für 12 Stück:

500 g	Weizenmehl
350 g	Butter
40 g	Zucker
1 Prise	Salz
6 EL	eiskaltes Wasser
1,2 kg	saure Äpfel (Boskop)
250 g	brauner Zucker
1 EL	Weizenmehl
1 TL	Zimtpulver
1 TL	geriebene Muskatnuss
1	Eiweiß zum Bestreichen

1. Eine Tarteform (Ø 28 cm, mit herausnehmbaren Boden) fetten. Backofen vorheizen. Ober-/Unterhitze: etwa 180 °C. Heißluft: etwa 160 °C

2. Mehl, Butter, Zucker, Salz und eiskaltes Wasser in eine Rührschüssel füllen und mit Handrührgerät (Knethaken) verkneten. Den Teig in Folie wickeln und 1 Stunde kalt stellen.

3. Die Äpfel schälen, vierteln und das Kerngehäuse herausschneiden. Die Apfelviertel in kleine Würfel schneiden und in eine Schüssel füllen. Mit Zucker, Mehl, Zimt und Muskat vermischen.

4. Den gekühlten Teig geschmeidig kneten. 400 g Teig abschneiden und beiseitelegen. Den restlichen Teig und die Arbeitsfläche mit Mehl bestreuen und auf den Tarteformboden legen. Darauf zu einem Kreis (Ø 30 cm) ausrollen. Den überliegenden Teig auf den Tarteformboden einschlagen und in den Tarterand legen. Den eingeklappten Teig an den Rand drücken und glatt abschneiden. Die vorbereiteten Äpfel hineinlegen, zur Mitte etwas aufschichten.

5. Den beiseitegelegten Teig auf einer mit Mehl bestreuten Arbeitsfläche ½ cm dick ausrollen. Den Teig mit einem Zackenrädchen in 2 cm breite Streifen schneiden. Die Teigstreifen als Gitter auf die Äpfel legen. Teigüberstände abschneiden. Die Teigreste evtl. nochmals ausrollen und in Streifen schneiden. Das Teiggitter mit Eiweiß bestreichen und die Pie auf mittlerer Schiene etwa 60 Minuten backen.

TIPP: STATT DER ÄPFEL KANN MAN AUCH BIRNEN VERWENDEN.

SAUERKIRSCHCRUMBLE

ALLE HÄNDE VOLL ZU TUN – DIE CRUMBLE IN DER HANDTASCHE, DER COFFEE TO GO IN DEN HÄNDEN – ES KANN LOSGEHEN. NUR DIE LÖFFEL NICHT VERGESSEN!

Zubereitungszeit: 20 Minuten, Backzeit: etwa 40 Minuten
E: 31 g, F: 148 g, Kh: 271 g, kJ: 10730, kcal: 2563, BE: 22,5

Zutaten für 4 feuerfeste Portionsförmchen oder eine große Auflaufform (ø 26 cm):

1 Glas	Sauerkirschen (Abtropfgewicht 350 g)
1 EL	weiche Butter
2 EL	Zucker
100 g	Weizenmehl
100 g	gemahlene Mandeln
100 g	Zucker
1 Prise	Salz
½ TL	Zimtpulver
90 g	kalte Butter

1. Sauerkirschen in einem Sieb abtropfen lassen. Backofen vorheizen. Ober-/Unterhitze: etwa 180 °C. Heißluft: etwa 160 °C

2. Die Portionsförmchen oder die Auflaufform mit weicher Butter ausstreichen. Mit Zucker ausstreuen. Die Früchte in die vorbereiteten Förmchen verteilen.

3. Mehl, gemahlene Mandeln, Zucker, Salz und Zimt in eine Rührschüssel geben. Die kalte Butter in kleine Würfel schneiden und dazugeben. Mit Handrührgerät (Knethaken) zu groben Streuseln verkneten.

4. Die Streusel locker auf die Sauerkirschen streuen. Die Förmchen auf ein Backblech stellen, auf die mittlere Schiene des vorgeheizten Backofens schieben und etwa 40 Minuten backen.

TIPP: ALS TOPPING EINEN LÖFFEL MIT GESÜSSTEM JOGHURT.

MARACUJATARTE

EIN STÜCK SOMMERHITZE GEFÄLLIG? DIE FRUCHTIG-SAURE TARTE AUS TROPISCHEN FRÜCHTEN BRAUCHT EINEN KAFFEE, DER ABKÜHLT UND DIE GESCHMACKSNERVEN GLÄTTET: EISKAFFEE WÄRE PERFEKT. EIN NICHT GANZ HEISSER CAPPUCCINO TUT'S ABER AUCH.

Zubereitungszeit: 45 Minuten, Backzeit: etwa 55 Minuten
E: 56 g, F: 178 g, Kh: 544 g, kJ: 17031, kcal: 4071, BE: 45,5

Für den Teig:

150 g	**Weizenmehl**
100 g	**Butter**
50 g	**Zucker**
1	**Eigelb (Größe M)**
1 Prise	**Salz**
500 g	**Hülsenfrüchte (z.B. getrocknete Erbsen oder Linsen) zum Blindbacken**

Für die Creme:

10	**Maracujas (Passionsfrüchte)**
4	**Eier (Größe M)**
150 g	**Zucker**
200 g	**Schlagsahne**

Für den Karamell:

200 g	**Zucker**

1. Mehl, Butter, Zucker, Eigelb und Salz in einer Rührschüssel mit Handrührgerät (Knethaken) verkneten. Den Teig in Frischhaltefolie gewickelt 1 Stunde kühl stellen. Dann eine Tarteform (Ø 28 cm) fetten. Den Backofen vorheizen. Ober-/Unterhitze: etwa 180 °C. Heißluft: etwa 160 °C

2. Den gekühlten Teig geschmeidig kneten und mit Mehl bestreut auf der Arbeitsfläche zu einem Kreis (Ø 30 cm) ausrollen. Den Teig auf das Rollholz wickeln, über der Tarteform abwickeln und in die Form und an den Rand drücken. Mit Backpapier zudecken und Hülsenfrüchte hineinstreuen. Die Form auf dem Rost in den Backofen schieben und etwa 20 Minuten backen, dann das Backpapier mit den Hülsenfrüchten vorsichtig vom Teig nehmen. Weitere 5 Minuten backen.

3. Maracujas halbieren und mit einem Teelöffel das Fruchtfleisch herauslösen (etwa 200 g). Mit einem Pürierstab das Fruchtfleisch mixen. In eine Rührschüssel füllen. Eier, Zucker und Sahne zugeben. Die Zutaten verquirlen. Auf den heißen Teig gießen und weitere 30 Minuten backen. Den Kuchen abkühlen lassen.

4. Zucker in eine Pfanne streuen und bei mittlerer Hitze goldbraun karamellisieren lassen. Flüssigen Karamell auf ein Stück Backpapier gießen (nicht berühren, er ist sehr heiß) und abkühlen lassen. Ein zweites Stück Backpapier darauflegen und den Karamell mit einem Rollholz zerkleinern. Karamellstücke auf die Maracuja-Tarte streuen. Den Kuchen gekühlt servieren.

SCHOKOLADENTARTE

ZUM DAHINSCHMELZEN – DAFÜR DARF JEDES DATE WARTEN.

Zubereitungszeit: 50 Minuten, Backzeit: etwa 40 Minuten
E: 67 g, F: 405 g, Kh: 438 g, kJ: 23944, kcal: 5721, BE: 36,5

Zutaten für 12 Stück:

200 g	Weizenmehl
80 g	Zucker
1 Prise	Salz
1	Eigelb (Größe M)
150 g	Butter
400 g	Schlagsahne
300 g	Zartbitter-Kuvertüre
1 Prise	Zimtpulver
1 Pck.	Bourbon-Vanillezucker
50 g	Zucker
50 g	Butter
1	Ei (Größe M)
1	Eiweiß (Größe M)
1 EL	Kakaopulver

1. Eine Springform (Ø 28 cm) bereitstellen.

2. Mehl, Zucker, Salz und Eigelb in eine Rührschüssel füllen. Butter in Würfel schneiden und dazugeben. Mit Handrührgerät (Knethaken) zu einem elastischen Teig verkneten.

3. Einen Bogen Backpapier in Größe der Springform auf die Arbeitsfläche legen und mit etwas Mehl bestreuen. Den Teig darauflegen und mit Mehl bestreuen. Den Teig mit einem Rollholz zu einem Kreis (Ø etwa 28 cm) ausrollen. Die Teigränder etwa 3 cm nach innen einschlagen. Den Springformboden unter das Backpapier schieben. Den Springformrand darumlegen und festziehen, sodass das Backpapier eingespannt wird. Den eingeschlagenen Teig an den Springformrand legen und andrücken.

4. Den Backofen vorheizen. Ober-/Unterhitze: etwa 180 °C
Heißluft: etwa 160 °C

5. Die Sahne in einen Topf gießen und erhitzen. Die Kuvertüre in Stücke brechen. In die heiße Sahne geben und unter Rühren darin auflösen. Die Schokoladencreme vom Herd nehmen. Zimt, Vanillezucker, Zucker und Butter unterrühren.

6. Ei und Eiweiß zugeben und mit Handrührgerät (Rührbesen) glatt unter die Creme rühren. Die Schokoladencreme in die vorbereitete Springform gießen. Die Form auf die mittlere Schiene des Backofens schieben und den Kuchen etwa 40 Minuten backen.

7. Die Schokoladentarte abkühlen lassen und mit Kakaopulver bestreuen.

WO KAFFEE SERVIERT
FREUNDSCHAFT UND FR

SCHEICH ABD-AL-KADIR 16. JAHRHUNDERT

WIRD, DA IST ANMUT,
ÖHLICHKEIT.

MINIPIZZEN MIT SARDELLEN

DER ULTIMATIVE SNACK MIT SALZIGER HAUT AN DER STRANDBUDE. MIT EISTEE ODER EINEM „FRIZZANTE“.

Zubereitungszeit: 40 Minuten, Backzeit: etwa 25 Minuten
E: 79 g, F: 192 g, Kh: 233 g, kJ: 12455, kcal: 2983, BE: 19,5

Zutaten für 16 Stück:

½ Pck. (21 g)	frische Hefe
200 ml	warmes Wasser
400 g	Weizenmehl (Type 550)
50 ml	Olivenöl
1 TL	Salz

Für den Belag:

200 g	Crème fraîche
150 g	Gorgonzola
80 g	kleine schwarze Oliven
40 g	Sardellen
16	Salbeiblätter
60 g	Kapern
	frisch gemahlener schwarzer Pfeffer

1. Zwei Backbleche mit Backpapier belegen.

2. Die Hefe in eine Rührschüssel geben und dabei zerbröseln. Warmes Wasser zugeben und die Hefe unter Rühren darin auflösen. Mehl, Olivenöl und Salz zugeben. Mit dem Handrührgerät (Knethaken) zu einem glatten Teig verkneten.

3. Den Teig aus der Rührschüssel nehmen. Mit Mehl bestreuen und auf einer Arbeitsfläche zu einer langen Rolle formen. In 16 gleichmäßige Stücke schneiden. Die Teigstücke zu Kugeln formen. Die Teigkugeln auf die vorbereiteten Backbleche legen. Den Teig zu Kreisen (Ø 10 cm) flach drücken.

4. Crème fraîche mit Salz und Pfeffer verrühren. Jeweils einen Esslöffel Creme auf die Teigkreise geben. Gorgonzola in Stücke schneiden und darauf verteilen. Den Backofen vorheizen. Ober-/Unterhitze: etwa 200 °C Heißluft: etwa 180 °C

5. Oliven abtropfen lassen. Sardellen und Salbeiblätter kalt abspülen. Die Kapern in einem Sieb abtropfen lassen. Die Minipizzen mit den vorbereiteten Zutaten belegen. Die Pizzen für etwa 25 Minuten in den Backofen schieben.

TIPP: DER BELAG KANN BELIEBIG AUSGETAUSCHT WERDEN. EINFACH MIT ZWIEBELRINGEN BELEGT WIRD DIE PIZZA ZUM FLAMMKÜCHLE.

KEY LIME PIE

ZUR SAUREN PIE GIBT'S EINEN SÜSSEN KAFFEE. ZUR BAISERHAUBE AUF DEM KUCHEN EINE MILCHHAUBE AUF DEM KAFFEE. ALSO DAZU: ESPRESSO MACCHIATO.

Zubereitungszeit: 45 Minuten, Backzeit: etwa 50 Minuten
E: 108 g, F: 265 g, Kh: 637 g, kJ: 22723, kcal: 5430, BE: 53,0

Zutaten für 10 Stücke:

300 g	Weizenmehl
50 g	Zucker
1 Prise	Salz
200 g	kalte Butter
1	Eigelb (Größe M)

Für den Belag:

4–5	Bio-Limetten (unbehandelt, ungewachst)
5	Eigelb (Größe M)
150 g	Zucker
400 ml	Kondensmilch (10% Fett)
1 EL	weiche Butter

Für die Baiserhaube:

6	Eiweiß (Größe M)
1 Prise	Salz
150 g	feiner Zucker
1 EL	Speisestärke

1. Den Boden einer Springform (Ø 26 cm) mit Backpapier belegen und den Rand darum festziehen. Den Backofen vorheizen.
Ober-/Unterhitze: etwa 180 °C, Heißluft: etwa 160 °C

2. Mehl, Zucker, Salz, Butterstückchen und Eigelb in eine Rührschüssel füllen und mit Handrührgerät (Knethaken) zu Streuseln kneten. Die Streusel gleichmäßig in die Springform streuen. Aus den Streuseln einen Rand von 3 cm hochziehen und fest andrücken. Die Streusel mit einem Esslöffel festdrücken. Auf der mittleren Schiene des Backofens etwa 20 Minuten vorbacken.

3. Für den Belag die Limetten heiß abwaschen und trocken reiben. Die Schale mit einer Küchenreibe fein abreiben. Die Limetten halbieren und den Saft auspressen. 125 ml (1/8 l) Limettensaft abmessen. Eigelb und Zucker in eine Rührschüssel füllen und mit Handrührgerät (Rührbesen) 3–4 Minuten schaumig schlagen. Kondensmilch und die abgeriebene Limettenschale zugeben und unterrühren. Den Limettensaft untermischen.

4. Den Springformrand oberhalb des Streuselteiges dünn mit weicher Butter bestreichen (verhindert das Festkleben des Eischaumes). Die Limettencreme auf den heißen Streuselboden gießen.

5. Eiweiß und Salz in eine saubere Rührschüssel geben und steif schlagen. Zucker zugeben und 4–5 Minuten zu einen elastischen Schnee schlagen. Speisestärke kurz unterrühren. Den Eischnee esslöffelweise auf die vorbereitete Limettencreme geben. Die Backtemperatur um 10 °C herunterschalten und den Kuchen etwa 30 Minuten backen. Den Kuchen nach etwa 15 Minuten evtl. mit Backpapier bedecken, damit er nicht zu dunkel wird.

MACADAMIA COOKIES

DIE ULTIMATIVE NERVENSTÄRKUNG FÜR ZWISCHENDURCH. DAZU EINEN HEISSEN LATTE MACCHIATO MIT EINEM SCHUSS AMARETTO.

Zubereitungszeit: 25 Minuten, Backzeit: etwa 15 Minuten
E: 78 g, F: 492 g, Kh: 522 g, kJ: 28586, kcal: 6830 BE: 43,5

1. Schokolade hacken. Macadamianüsse grob hacken oder mit einem breiten Messer zerdrücken. Ein Backblech fetten und mit Backpapier belegen. Backofen vorheizen. Ober-/Unterhitze: etwa 180 °C. Heißluft: etwa 160 °C

2. Weiche Butter in eine Rührschüssel geben und mit Handrührgerät (Rührbesen) etwa 2 Minuten schaumig schlagen. Rohrzucker, Salz und Vanillezucker unterrühren. Das Ei zugeben und 1 Minute unterschlagen. Mehl mit Backpulver mischen. Das Mehlgemisch unterrühren.

3. Die vorbereitete Schokolade und die Macadamianüsse mit einem Holzlöffel unterrühren.

4. Mit einen Esslöffel Teighäufchen auf das vorbereitete Backblech geben. Die Cookies etwa 15 Minuten auf mittlerer Schiene backen.

TIPP: GESALZENE MACADAMIANÜSSE KÖNNEN MIT WARMEM WASSER ABGESPULT, MIT KÜCHENPAPIER TROCKEN GETUPFT UND DANN WIE ANGEGEBEN WEITERVERARBEITET WERDEN.

Zutaten für 20 Stück:

200 g	**Vollmilch-Schokolade**
250 g	**ungesalzene Macadamia-nüsse**
275 g	**weiche Butter**
150 g	**brauner Zucker (Rohrzucker)**
	Salz
2 Pck.	**Bourbon-Vanillezucker**
1	**Ei (Größe M)**
350 g	**Weizenmehl**
1 TL	**Backpulver**

PANDORATO

DAS ZUSAMMENGEDRÜCKTE MITTAGESSEN. ZWISCHEN DEN TERMINEN GEHT'S NICHT SCHNELLER. DER KAFFEE WIRD IM ANSCHLUSS GETRUNKEN.

Zubereitungszeit: 30 Minuten
E: 142 g, F: 180 g, Kh: 261 g, kJ: 13611, kcal: 3250, BE: 22,0

1. Das Weißbrot entrinden. Mit einem scharfen Messer die erste Scheibe des Weißbrotes einschneiden, sodass sie an einer Seite noch mit dem Brotlaib zusammenhängt. Die zweite Scheibe ganz durchschneiden. So erhält man 10 Scheiben, die an einer Seite zusammenhängen.

2. Mozzarella in 10 Scheiben schneiden. Zwischen die Brotscheiben legen. Schinkenscheiben hineinlegen. Fest zusammendrücken.

3. Milch und Mehl jeweils in einen tiefen Teller geben. Die Brotscheiben kurz von beiden Seiten in Milch tauchen, dann in Mehl wenden. Dicht nebeneinander auf eine Servierplatte oder ein Backblech legen.

4. Eier in eine Schüssel geben und mit einer Gabel verschlagen, über die Brotscheiben gießen. Die Scheiben darin wenden, sodass sie mit Eimasse überzogen sind. Etwa 2 Stunden ruhen lassen.

5. Öl in eine tiefe Pfanne geben und erhitzen. Die Brotscheiben darin von beiden Seiten goldgelb ausbacken. Auf Küchenpapier abtropfen lassen. Im Backofen warm stellen, bis alle Brotscheiben gebacken sind.

6. Die Brotscheiben diagonal halbieren und heiß servieren.

TIPP: DAZU EINEN GEMISCHTEN SALAT REICHEN. FÜR SÜSSSCHNÄBEL KÖNNEN DIE BROTSCHEIBEN MIT KONFITÜRE GEFÜLLT UND WIE IM REZEPT GEBRATEN WERDEN.

Für 10 Stück:

1	ganzes Kastenweißbrot (500 g)
250 g	Mozzarella
100 g	roher Schinken in Scheiben
300 ml	Milch
100 g	Weizenmehl
5	Eier
	Salz
100 ml	Speiseöl zum Ausbacken

CINNAMON ROLLS

ZIMT UND KAFFEE – EINE UNSCHLAGBARE KOMBINATION, UM WACH ZU WERDEN.

Zubereitungszeit: 35 Minuten, Backzeit: etwa 30 Minuten
E: 80 g, F: 184 g, Kh: 781 g, kJ: 21595, kcal: 5162, BE: 65,0

Zutaten für 12 Stück:

300 ml	Milch
1 Pck.	Trockenbackhefe
100 g	weiche Butter
150 g	Zucker
1 TL	gemahlener Kardamom
550 g	Weizenmehl
80 g	Rosinen
100 g	Weizenmehl zum Bestreuen
100 g	Butter
100 g	Zucker
1 TL	Zimtpulver

1. Die Trockenbackhefe in eine Rührschüssel schütten. 100 ml kalte Milch zugießen. Die übrige Milch in einen kleinen Topf gießen und handwarm erwärmen. Die Butter in die Milch geben und darin verrühren. Die warme Milch-Butter-Mischung in die Rührschüssel gießen. Zucker und Kardamom unterrühren. Das Mehl zufügen und mit Handrührgerät (Rührbesen) zu einem glatten, weichen Teig verrühren. Die Rührschüssel zudecken und den Teig an einem warmen Ort 1 Stunde gehen lassen.

2. Die Rosinen in warmem Wasser 10 Minuten einweichen. In ein Sieb gießen und abtropfen lassen. Einen Bogen Backpapier mit Mehl bestreuen. Den Teig in der Rührschüssel mit Mehl bestreuen und zusammenkneten. Auf das Backpapier legen und auf 36 x 40 cm ausrollen.

3. Butter bei schwacher Hitze zerlassen und den Teig damit bestreichen. Zucker und Zimt vermischen und gleichmäßig auf den Teig streuen. Die Butter etwas fest werden lassen. Die Rosinen daraufstreuen. Den Teig von der schmalen Seite aus aufrollen. Die Teigrolle in etwa 3 cm dicke Scheiben schneiden. Die Zimtrollen mit viel Abstand zueinander auf zwei Bögen Backpapier verteilen und 50–60 Minuten an einen warmen Ort gehen lassen. Backofen vorheizen. Ober-/Unterhitze: etwa 180 °C Heißluft: etwa 160 °C

4. Je ein Backpapier mit Zimtrollen auf das Backblech ziehen und etwa 30 Minuten in den Backofen schieben. Die Zimtrollen vom Blech herunterziehen und das nächste Blech backen.

TIPP: DIE ZIMTROLLEN KÖNNEN ZUSÄTZLICH MIT PUDERZUCKERGUSS BESTRICHEN WERDEN.

72

KÜRBISKERNBRÖTCHEN

EIN KLEINES VERGNÜGEN MIT EINEM GROSSEN, DOPPELTEN ESPRESSO.

Zubereitungszeit: 45 Minuten, Backzeit: 25–30 Minuten
E: 113 g, F: 113 g, Kh: 384 g, kJ: 12656, kcal: 3024, BE: 32,0

Zutaten für 16 Stück:

100 g	Kürbiskerne
1 Pck. (42 g)	frische Hefe
300 ml	warmes Wasser
250 g	Weizenmehl (Type 405)
1 TL	Zucker
200 g	Weizenmehl (Type 1050)
1 TL	Salz
2 EL	Olivenöl
50 g	Weizenmehl zum Bestreuen
4	Eier
4	Salatblätter
4 EL	Remouladen-sauce
1 Bund	Schnittlauch

1. Kürbiskerne in einer Pfanne ohne Fett anrösten und auf einem Teller erkalten lassen.

2. Hefe in eine Rührschüssel bröckeln. Warmes Wasser dazugießen und die Hefe damit verrühren. Mehl (Type 405) und Zucker zuschütten und mit Handrührgerät (Knethaken) unterkneten. Das Mehl (Type 1050), die Hälfte der gerösteten Kürbiskerne und das Salz auf den Vorteig geben und den Teig mindestens 30 Minuten gehen lassen.

3. Wenn sich der Teig deutlich vergrößert hat und das Mehl Risse zeigt, das Olivenöl zugießen. Die Zutaten mit Handrührgerät (Knethaken) zu einem geschmeidigen Teig verkneten. Den Teig zugedeckt 5 Minuten ruhen lassen.

4. Den Teig mit Mehl bestreuen und auf einer Arbeitsfläche zu einer langen Rolle formen. Die Teigrolle halbieren und in jeweils 8 Stücke schneiden. Die Teigstücke zu Kugeln formen und mit Abstand auf ein gemehltes Backblech setzen. Die Teigkugeln mit kaltem Wasser bestreichen und die restlichen Kürbiskerne daraufstreuen. An einen warmen Ort stellen und 1 Stunde gehen lassen. Den Backofen vorheizen. Ober-/Unterhitze: etwa 200 °C. Heißluft: etwa 180 °C

5. Die Brötchen 25–30 Minuten backen.

6. Die Eier 6–8 Minuten kochen, kalt abspülen, pellen und in Scheiben schneiden. Salatblätter waschen und trocken schütteln. Die warmen Brötchen durchschneiden und mit Remouladensauce bestreichen. Salatblätter und Eierscheiben darauflegen. Schnittlauch abspülen, trocken schütteln und in feine Röllchen schneiden. Die Brötchen damit bestreuen.

KOKOSKUCHEN

KLEIN, ABER OHO ... DAZU EINEN KLEINEN ESPRESSO, GEWÜRZT MIT EINER KARDAMOMKAPSEL.

Zubereitungszeit: 30 Minuten, Backzeit: etwa 50 Minuten
E: 55 g, F: 351 g, Kh: 386 g, kJ: 20837, kcal: 4985, BE: 32,0

1. Einen eckigen Backrahmen auf 25 x 25 cm ausziehen und auf ein Backblech stellen. Die Form mit Backpapier auslegen. Backofen vorheizen. Ober-/Unterhitze: etwa 180 °C. Heißluft: etwa 160 °C

2. Mehl, Backpulver, Gewürze und Kokosraspel in eine Schüssel füllen und vermischen. Die weiche Butter, Zucker und Eigelb mit Handrührgerät (Rührbesen) schaumig schlagen. Kokosmilch unterrühren.

3. Die Mehl-Gewürz-Mischung zugeben und unterrühren. Eiweiß mit Zucker steif schlagen und in zwei Portionen unterheben. Das Backblech auf der mittleren Schiene in den vorgeheizten Backofen schieben und den Kuchen etwa 50 Minuten backen. Den Kuchen abkühlen lassen.

4. Für den Sirup die Limettenschale mit einem Zestenreißer abschälen. Den Limettensaft auspressen. Zucker und Wasser in einen Topf geben, zum Kochen bringen und etwa 1 Minute kochen lassen. Limettenschalen zugeben. Den Sirup abkühlen lassen und den Limettensaft dazugießen. Den Kuchen damit tränken. Den Backrahmen und das Backpapier lösen. Den Kuchen in 5 x 5 cm große Würfel schneiden.

Zutaten für 25 Stück:

80 g	Weizenmehl
1 TL	Backpulver
je ½ TL	Kardamom-, Zimt- und Ingwerpulver
120 g	Kokosraspel
250 g	weiche Butter
150 g	feiner Zucker
5	Eigelb (Größe M)
200 ml	cremige Kokosmilch
5	Eiweiß (Größe M)
50 g	Zucker

Für den Sirup:

5	Bio-Limetten (unbehandelt, ungewachst)
100 g	Zucker
100 ml	Wasser

Walter Cimbal

DIE KATZE LÄSST DAS MAU
BLEIBEN KAFFEESCHWESTE
KAFFEEBRAUCH, DIE GROSSM
WER WILL NUN AUF DIE TÖC

AUS DER KAFFEEKANTATE VON J. S. BACH

SEN NICHT, DIE JUNGFERN
RN. DIE MUTTER LIEBT DEN
AMA TRANK SOLCHEN AUCH,
HTER LÄSTERN!

80

SAUERKIRSCHSCONES

HOFFENTLICH SIND DIE HANDTASCHEN VON DEN FREUNDINNEN NICHT SO GROSS – EGAL, ES WIRD NICHTS ÜBRIGBLEIBEN.

Zubereitungszeit: 30 Minuten, Backzeit: etwa 25 Minuten
E: 54 g, F: 115 g, Kh: 355 g, kJ: 11352, kcal: 2713, BE: 29,5

1. Ein Backblech mit Backpapier belegen. Die Schokolade grob hacken. Den Backofen vorheizen. Ober-/Unterhitze: etwa 180 °C. Heißluft: etwa 160 °C

2. Mehl, Zucker, gemahlene Mandeln, Backpulver, Natron und Salz in eine Rührschüssel geben. Die Zutaten vermischen.

3. Sahne, Zuckerrübensirup und Ei zugeben. Mit Handrührgerät (Knethaken) zu einem glatten Teig verkneten.

4. Die tiefgekühlten Sauerkirschen 5 Minuten antauen lassen und mit einem großen Messer grob hacken. Die Sauerkirschen und die Schokolade zügig unter den Teig mischen.

5. Die Arbeitsfläche mit Mehl bestreuen und den Teig daraufgeben. Etwa 2 cm dick zu einem Kreis (Ø 20 cm) ausrollen. Mit einem runden Ausstecher (Ø 7 cm) Kreise ausstechen und mit Abstand auf das Backpapier legen. Den übrigen Teig erneut verkneten, ausstechen und auf das Backblech legen. Das Backblech in den Backofen schieben und die Scones etwa 25 Minuten backen.

TIPP: DIE SCONES WARM MIT BUTTER ODER CRÈME DOUBLE KRÖNEN.

Zutaten für 10 Stück:

50 g	**Zartbitter-Schokolade**
280 g	**Weizenmehl**
100 g	**Zucker**
50 g	**gemahlene Mandeln**
1 ½ TL	**Backpulver**
½ TL	**Natron**
	Salz
200 g	**Schlagsahne**
½ TL	**Zuckerrüben-sirup**
1	**Ei (Größe M)**
150 g	**TK-Sauer-kirschen**
	Weizenmehl zum Bestreuen

NUSSNOUGATMUFFINS

EIN KLEINER BISSEN GLÜCKSELIGKEIT – DAZU EIN GLAS KALTE MILCH.

Zubereitungszeit: 25 Minuten, Backzeit: etwa 25 Minuten
E: 71 g, F: 233 g, Kh: 580 g, kJ: 19752, kcal: 4720, BE: 48,5

1. Backofen vorheizen. Ober-/Unterhitze: etwa 180 °C. Heißluft: etwa 160 °C

2. Eine Muffinform für 12 Muffins mit Papierbackförmchen füllen.

3. Mehl, Backpulver, Natron, Kaffeepulver, Salz, Vanillezucker, Zucker, gemahlene Haselnüsse und Raspelschokolade in eine Rührschüssel füllen und vermischen. Butter und Eier mit Handrührgerät (Rührbesen) verquirlen. Buttermilch zugeben. Die Mehlmischung zugeben und alles zu einem glatten Teig verquirlen.

4. Nussnougat in kleine Würfel schneiden und unter den Teig rühren. Den Teig in der Muffinform verteilen. Die Form auf die mittlere Schiene des Backofens schieben. Die Muffins etwa 25 Minuten backen.

TIPP: DER NUSSNOUGAT KANN DURCH MARZIPAN ERSETZT WERDEN. ZUM VERZIEREN 75 G NUSSNOUGAT SCHMELZEN LASSEN UND AUF DEN FERTIGEN MUFFINS VERSTREICHEN. MIT 50 G GEHOBELTEN HASELNÜSSEN BESTREUEN.

Zutaten für 12 Stück:

250 g	Mehl
2 TL	Backpulver
½ TL	Natron
2 TL	lösliches Kaffeepulver
1 Prise	Salz
1 Pck.	Bourbon-Vanillezucker
240 g	Zucker
100 g	gemahlene Haselnüsse
100 g	Raspelschokolade
125 g	weiche Butter
2	Eier (Größe M)
200 ml	Buttermilch
125 g	Nussnougat

KÄSEKUCHEN

84

IMMER GANZ COOL BLEIBEN. AUFTAUEN KANN MAN BEIM KÄSEKUCHEN, BEI DEM ALLE DAHINSCHMELZEN – DAZU EIN AMERICANO.

Zubereitungszeit: 30 Minuten, Backzeit: etwa 45 Minuten
E: 142 g, F: 198 g, Kh: 478 g, kJ: 18107, kcal: 4349, BE: 40,0

1. Einen Springformboden (Ø 28 cm) mit Backpapier belegen, den Sprinformrand darum festziehen. Backofen vorheizen. Ober-/Unterhitze: etwa 200 °C

2. Magerquark, Crème fraîche, Zucker, Eigelb, Rosinen, Weichweizengrieß und Vanillezucker in eine große Rührschüssel geben und alle Zutaten mit einem Schneebesen verrühren.

3. Eiweiß und Zucker in eine Rührschüssel geben und mit Handrührgerät (Rührbesen) steif schlagen. Den Eischaum portionsweise unter die Quarkmasse heben.

4. Sauerkirschen in ein Sieb gießen und abtropfen lassen. Die Hälfte der Quarkmasse in der Springform verstreichen. Sauerkirschen auf der Quarkmasse verteilen. Übrige Quarkmasse daraufgeben und glatt streichen.

5. Form auf die mittlere Einschubleiste des Backofens schieben und den Kuchen etwa 25 Minuten backen. Dann auf 150 °C herunterschalten und weitere 20 Minuten backen.

6. Den Kuchen auf einen Kuchenrost stellen und in der Form auskühlen lassen.

HINWEIS: MIT HEISSLUFT FUNKTIONIERT ES NICHT! TIPP: STATT DER SAUERKIRSCHEN MANDARINEN VERWENDEN.

Zutaten für 16 Stück:

500 g	Magerquark
500 g	Crème fraîche
100 g	Zucker
7	Eigelb (Größe M)
100 g	Rosinen
80 g	Weichweizen-grieß
1 Pck.	Bourbon-Vanille-zucker
7	Eiweiß (Größe M)
150 g	Zucker
1 Glas	Sauer-kirschen (Abtropf-gewicht 350 g)

TEA

EISTEE

1 Liter Wasser zum Kochen bringen. Teeblätter, 1 Stück Zitronenschale und 1 Stück Orangenschale, 2 Nelken, 1 Zimtstange und 2 Pimentkörner in eine Kanne geben. Kochendes Wasser aufgießen und 3–5 Minuten ziehen lassen. Den Tee durch ein Sieb gießen, mit Zucker oder Honig süßen und erkalten lassen. 4 Gläser mit Eiswürfeln füllen und mit dem Tee aufgießen. Mit einer Orangenscheibe dekorieren.

MINZTEE

Schwarzen Tee in eine vorgewärmte Kanne geben, mit kochendem Wasser aufgießen und ziehen lassen. Den Tee in Gläser füllen. Minzzweige abspülen und je einen Zweig in den schwarzen Tee geben. Marokkanischer Minztee wird mit grünem Tee zubereitet und mit Minze serviert.

CHAI

1 Liter Milch zum Kochen bringen. 4 Esslöffel schwarzen Tee hineingeben und 2 Minuten leise köcheln lassen. Den Chai durch ein Sieb in 4 Gläser füllen und, wer will, mit braunem Zucker süßen. Der Tee kann nach Geschmack mit Gewürzen wie Zimtstange, Nelken, Kardamom und Sternanis gewürzt werden. Erkaltet kann der Chai mit Eiswürfeln serviert werden.

INGWERTEE

1 kleines Stück Ingwerwurzel schälen und längs in 4 Scheiben schneiden. In 4 Gläser geben. Mit kochendem Wasser überbrühen. 3 Minuten ziehen lassen.

YOGITEE

600 Milliliter Wasser kochen. 4 Teelöffel Yogiteemischung hineingeben und etwa 4 Minuten ziehen lassen. Den Tee durch ein Sieb gießen und 4 Gläser damit halb füllen. 400 Milliliter Milch erhitzen und aufschäumen. Die Milch in den Yogitee gießen und mit Milchschaum krönen.

TEE AUF RUSSISCHE ART

Nach Geschmack 1–2 Teelöffel Konfitüre (z. B. Erdbeerkonfitüre) in ein Teeglas geben und mit heißem schwarzen Tee aufgießen.

INDISCHER KARDAMOMTEE

1 Liter Wasser zum Kochen bringen. 12 grüne Kardamomkapseln hineingeben und etwa 5 Minuten leise köcheln lassen. Die Kardamomkapseln entfernen. 3 Teelöffel schwarzen Tee in eine vorgewärmte Kanne geben und mit dem Kardamomwasser auffüllen. Nach Geschmack ziehen lassen und mit Zucker und Milch servieren.

KÄSEPIZZA VOM BLECH

EIN LEICHTES MITTAGESSEN AUF DIE HAND. UND DANACH EINEN SCHNELLEN ESPRESSO.

Zubereitungszeit: 45 Minuten, Backzeit: etwa 30 Minuten
E: 120 g, F: 164 g, Kh: 248 g, kJ: 12367, kcal: 2954, BE: 20,5

Zutaten für 9 Stück:

Für den Teig:

½ Pck. (21 g)	**frische Hefe**
200 ml	**warmes Wasser**
300 g	**Weizenmehl**
50 ml	**Olivenöl**
1 TL	**Salz**

Für den Belag:

500 g	**Tomaten**
20	**abgespülte Basilikumblätter**
	frisch gemahlener schwarzer Pfeffer
250 g	**Mozzarella**
100 g	**Parmesan**
1	**Knoblauchzehe**
2–3 EL	**Olivenöl**

1. Die frische Hefe mit dem Wasser in eine Rührschüssel geben. Mit Handrührgerät (Knethaken) die Hefe darin aufrühren. Mehl, Olivenöl und Salz zugeben und zu einem weichen Teig verkneten. Den Teig mit Mehl bestreuen und 2 Minuten ruhen lassen.

2. Ein Backblech fetten, mit Backpapier belegen und mit Mehl bestreuen. Den Teig mit etwas Mehl bestreuen und auf dem Backpapier auf etwa 30 x 35 cm ausrollen. Den Teig zudecken und 30 Minuten gehen lassen.

3. Backofen vorheizen. Ober-/Unterhitze: etwa 200 °C. Heißluft: etwa 180 °C

4. Die Tomaten waschen und die Stielansätze herausschneiden. Tomaten in dünne Scheiben schneiden und nebeneinander auf den Teig legen. Basilikumblätter darauf verteilen. Mit Salz und Pfeffer bestreuen.

5. Mozzarella abtropfen lassen. In Scheiben schneiden und darauflegen. Parmesan grob raspeln und darüberstreuen. Knoblauch abziehen, in feine Scheiben schneiden und darüberstreuen. Pizza mit Öl beträufeln. Die Käsepizza in den vorgeheizten Backofen schieben und in etwa 30 Minuten goldbraun backen.

PECANPIE

DER HIT AUS DEN SÜDSTAATEN. EIGENTLICH UNERTRÄGLICH SÜSS, ABER WIR HABEN DEN ZUCKERGEHALT ETWAS HERUNTERGESETZT.

Zubereitungszeit: 35 Minuten, Backzeit: etwa 50 Minuten
E: 83 g, F: 542 g, Kh: 479 g, kJ: 29821, kcal: 7118, BE: 40,0

Zutaten für 10 Stücke:

Für den Teig:

250 g	Weizenmehl
200 g	kalte Butter
4 EL	kaltes Wasser
½ TL	Salz

Für die Füllung:

120 g	Butter
120 g	Zucker
4	Eier (Größe M)
180 g	Maisstärkesirup oder Zuckerrübensirup
1 Pck.	Bourbon-Vanillezucker
350 g	Pecannüsse

1. Eine Tarteform mit glattem Rand (Ø 30 cm) oder eine Springform (Ø 28 cm) fetten. Backofen vorheizen. Ober-/Unterhitze: etwa 200 °C Heißluft: etwa 180 °C

2. Mehl, Butter, Wasser und Salz in eine Rührschüssel füllen und mit Handrührgerät (Knethaken) zu einem glatten Teig verkneten. Den Teig in Frischhaltefolie wickeln und 1 Stunde kalt stellen.

3. Den Teig mit Mehl bestreuen und zu einer Platte (Ø etwa 30 cm) ausrollen. In die Tarteform legen und den Rand nach innen klappen. Mit den Fingern Mulden in den Rand drücken.

4. Weiche Butter und Zucker in eine Rührschüssel füllen und mit Handrührgerät (Rührbesen) etwa 4 Minuten weiß-schaumig schlagen. Eier nacheinander unterrühren. Rübensirup und Vanillezucker unterschlagen. Etwa 40 Pecannüsse beseitelegen. Die übrigen Pecannüsse unter die Masse heben.

5. Die Masse in die vorbereitete Tarteform geben. Die Oberfläche mit den beiseitegelegten Pecannüssen garnieren.

6. Die Pie auf dem Rost in die mittlere Einschubleiste schieben und etwa 5 Minuten backen. Die Backtemperatur um 10 °C herunterschalten und die Pie etwa 45 Minuten weiterbacken.

TIPP: WENN SIE NUR GESALZENE PECANNÜSSE BEKOMMEN, DIESE MIT WARMEN WASSER ABSPÜLEN UND MIT KÜCHENPAPIER TROCKEN TUPFEN. DIE PIE SCHMECKT AUCH GUT MIT WALNÜSSEN.

MANDARINENFRISCHKÄSETORTE

DER IDEALE SOMMERKUCHEN. WENN NICHTS ANDERES GEHT! BITTE NOCH EIN STÜCK.

Zubereitungszeit: 40 Minuten
E: 73 g, F: 304 g, Kh: 401 g, kJ: 19813, kcal: 4733, BE: 33,5

1. Den Boden einer Springform (Ø 26 cm) mit Backpapier belegen und den Springformrand darum festziehen.

2. 200 ml kaltes Wasser in einen Topf gießen. Die Zitronen-Götterspeise unter Rühren hineinstreuen. 2 Minuten beiseitestellen und quellen lassen. Bei schwacher Hitze die Zitronen-Götterspeise auflösen (nicht kochen lassen).

3. Frischkäse und Zucker in eine Rührschüssel geben und mit einem Teigschaber glatt rühren. Die erhitzte, aufgelöste Zitronen-Götterspeise portionsweise mit einem Schneebesen unter den Frischkäse rühren. Die Frischkäsecreme kalt stellen, bis sie zu gelieren beginnt.

4. Inzwischen die Löffelbiskuits portionsweise in einem Blitzhacker zerkleinern oder in einen Gefrierbeutel füllen, verschließen und mit dem Rollholz zerdrücken. In eine Schüssel füllen. Die Butter in einem Topf zerlassen. Die flüssige Butter unter die Brösel mischen. Die Brösel auf dem vorbereiteten Springformboden verteilen und mit einem Esslöffel festdrücken.

5. Mandarinen in einem Sieb gut abtropfen lassen, Sahne steif schlagen. Die gelierende Frischkäsecreme mit einem Schneebesen glatt rühren. Den Zitronensaft unterrühren. Nochmals 2–3 Minuten kühl stellen. Die geschlagene Sahne portionsweise unter die Creme heben. Die abgetropften Mandarinen unterheben.

6. Die Zitronencreme auf dem Bröselboden verteilen. Die Torte mindestens 4 Stunden kalt stellen.

Zutaten für 10 Stücke:

1 Beutel aus	
1 Pck.	**Zitronen-Götterspeise**
200 g	**Doppelrahm-Frischkäse**
150 g	**Zucker**
200 g	**Löffelbiskuits**
120 g	**Butter**
1 große Dose	**Mandarinen (Abtropfgewicht 480 g)**
400 g	**Schlagsahne**
	Saft von
2	**Zitronen**

ALLGEMEINE HINWEISE

ABKÜRZUNGEN

EL	=	Esslöffel, gestrichen
TL	=	Teelöffel, gestrichen
Msp.	=	Messerspitze
Pck.	=	Packung/Päckchen
g	=	Gramm
kg	=	Kilogramm
ml	=	Milliliter
l	=	Liter
evtl.	=	eventuell
TK	=	Tiefkühlprodukt
°C	=	Grad Celsius
Ø	=	Durchmesser

KALORIEN-/NÄHRWERTANGABEN (jeweils für das ganze Rezept)

E	=	Eiweiß
F	=	Fett
Kh	=	Kohlenhydrate
kcal	=	Kilokalorien
kJ	=	Kilojoule
BE	=	Broteinheiten

HINWEISE ZU DEN REZEPTEN

Lesen Sie bitte vor der Zubereitung – besser noch vor dem Einkaufen – das Rezept einmal vollständig durch. Oft werden Arbeitsabläufe oder -zusammenhänge dann klarer.

ZUTATENLISTE

Die Zutaten sind in der Reihenfolge ihrer Verarbeitung aufgeführt.

ARBEITSSCHRITTE

Die Arbeitsschritte sind einzeln hervorgehoben, in der Reihenfolge, in der wir sie ausprobiert haben.

BACKOFENEINSTELLUNG

Die in den Rezepten angegebenen Backtemperaturen und -zeiten sind Richtwerte, die je nach individueller Hitzeleistung des Backofens über- oder unterschritten werden können. Die Temperatureinstellmöglichkeiten für Gasbacköfen variieren je nach Hersteller, sodass wir keine allgemeingültigen Angaben machen können. Bitte beachten Sie deshalb bei der Einstellung des Backofens die Gebrauchsanleitung des Herstellers. Bitte machen Sie nach Beendigung der angegebenen Backzeit eine Garprobe. Wir empfehlen, beim Backen den Backofen vorzuheizen und die Teige bzw. Kuchen erst in den Ofen zu schieben, wenn der Backofen die im Rezept angegebene Temperatur erreicht hat.

ZUBEREITUNGSZEITEN

Die Zubereitungszeit beinhaltet nur die Zeit für die eigentliche Zubereitung, die Backzeiten sind gesondert ausgewiesen. Längere Wartezeiten, Kühlzeiten oder Teiggehzeiten sind ebenfalls nicht mit einbezogen.

REZEPTREGISTER

Für Fragen, Vorschläge oder Anregungen stehen Ihnen die Mitarbeiter des Ceres Verlages – Telefon: +49 (0) 521 520645
Mo.–Fr. 9:00–15:00 Uhr zur Verfügung

Oder schreiben Sie uns: Ceres Verlag KG, Am Bach 11, 33602 Bielefeld
oder besuchen Sie uns im Internet unter www.oetker-verlag.de.

Umwelthinweis — Dieses Buch und der Einband wurden auf chlorfrei gebleichtem Papier gedruckt. Die Einschrumpffolie – zum Schutz vor Verschmutzung – ist aus umweltfreundlichem und recyclingfähigem PE-Material.

Titelfoto und Innenfotos — Walter Cimbal, Hamburg, Mano Schröer, Hamburg

Rezepte und Realisation — Hermann Rottmann, Hamburg

Grafik und Konzeption — Sibylle Schwarz, Stuttgart

Fotografisches Konzept — Walter Cimbal, Hamburg

Grafische Umsetzung — MDH Haselhorst, Bielefeld

Redaktion — Carola Reich, Sabine Lüning

Nährwertberechnungen — Nutri Service, Hennef

Reproduktionen — Repro Ludwig, Zell am See, Österreich
Satz — JUNFERMANN Druck & Service, Paderborn
Druck und Bindung — Mohn media Mohndruck GmbH, Gütersloh

ISBN 978-3-7670-769-7